Mira Sidonis

Puella Romana 1

Level E

Extensive Reading Foundation Scale: Elementary Early

BEGINNER				ELEMENTARY			INTERMEDIATE		
ALPHABET	EARLY	MID	HIGH	EARLY	MID	HIGH	EARLY	MID	HIGH
50	100	200	300	400	600	800	1000	1250	1500

This book has 339 headwords (39 cognates and 17 proper nouns), 624 word forms, and 2762 total words.

Mira Sidonis

A Latin Novella

Written and Illustrated by

Talia Chicherio

STORYBASE
• BOOKS •

Published by Storybase Books
Peachtree Corners, GA

www.storybasebooks.com

Publisher's Cataloging-in-Publication
(Provided by Cassidy Cataloguing Services, Inc.)

NAMES: Chicherio, Talia, author, illustrator.
TITLE: Mira Sidonis : a Latin novella / written and illustrated by Talia Chicherio.
DESCRIPTION: Peachtree Corners, GA : Storybase Books, [2026] | Series: Puella Romana ; 1. | Includes "Index Vocabulorum", which provides an English definition for every Latin word form in the text. | Audience: Latin language learners, level E.
IDENTIFIERS: LCCN: 2026934205 | ISBN: 9781963471861 (paperback) | 9781963471878 (ebook)
SUBJECTS: LCSH: Latin language—Readers—History. | Latin language—Study and teaching. | Latin fiction. | Sidon (Syria)—History—Fiction. | Jewish women—Syria—History—333 B.C.-634 A.D.—Fiction. | Jews—Syria—History—333 B.C.-634 A.D.—Fiction. | Childbirth—History—Fiction. | Syria—History—333 B.C.-634 A.D.—Fiction. | Rome—History—Empire, 30 B.C.-476 A.D.—Fiction. | Weapons, Ancient—Rome—Fiction. | BISAC: FOREIGN LANGUAGE STUDY / Latin. | FOREIGN LANGUAGE STUDY / Ancient Languages. | LANGUAGE ARTS & DISCIPLINES / Readers.
CLASSIFICATION: LCC: PA2095 .C45 2026 | DDC: 478.2/421—DC23

Editae carissimae, aviae meae,
optimae magistrae.

Discipulis meis, primis lectoribus,
summis existimatoribus.

אִם אֵין אֲנִי לִי, מִי לִי,
וּכְשֶׁאֲנִי לְעַצְמִי, מָה אֲנִי
וְאִם לֹא עַכְשָׁו, אֵימָתַי?

הִלֵּל הַזָּקֵן, פִּרְקֵי אָבוֹת א': י"ד

Nisi mihi sum, quis?
Et ubi mihi solae, quid?
Et nisi nunc, quando?

If I'm not on my own side, who am I?
And when I'm only on my own side, what's my purpose?
And if I don't act now, when?

Hillel the Elder, *Pirkei Avot* 1:14

Contents

Preface

Mira was born during my redevelopment of our school's Latin I program, as I considered what types of stories and experiences my students would most like to encounter when first exploring the Roman world. My students are always asking questions about what life was like for young people like them—not just for those in the upper echelons of society, who are already well represented in traditional texts, but those who come from all walks of life. This perspective inspired a broader project to write about young women from all over the Roman Empire with a variety of identities, passions, and struggles.

Mira has a special place in my heart. As a Jewish-American woman and the child and grandchild of immigrants and refugees, I am keenly aware of the joys and challenges of navigating intersectional identities. Many of our Latin students can say the same. In the story of Mira, who is both Jewish and Roman, I hope that students find reflections of themselves and their experiences, as well as opportunities to consider different perspectives on an individual's relationships with their family, their community, their religion, and themselves. I also hope that the story can serve as a touchpoint for conversations about the effects of imperialism, military occupation, and cultural exchange.

Mira's name reflects her Jewish and Roman identities. First and foremost, it is a form of the biblical name Miriam. In the Torah, Miriam is the sister of Moses and Aaron, the first woman to be called a prophet, and a respected leader among her people alongside her brothers, reflecting the foundational role of women in Jewish religious life. In Latin, Mira can be translated as "admired" or "revered," which is also a translation of the Jewish title rabbi.

MĪRA SĪDŌNIS

Historical, Cultural & Linguistic Considerations

Mira's story is set toward the beginning of the second century CE, about 50 years after Titus (the future emperor) oversaw the destruction of the Second Temple in Jerusalem in 70, and about 15 years before the Bar Kokhba Revolt in 132. At this point in history, the ancient city of Sidon[1]—located within the Roman province of Syria but relatively close to the border with Judaea—was in an unusual position. The leaders of Sidon's Jewish community and its Roman colonizers maintained a stable relationship that enabled refugees from elsewhere in the region to find sanctuary in the city. Still, the broader political and military realities of the region would likely have contributed to an underlying sense of unease in Sidon's Jewish community.

While Jewish women have often been excluded from synagogue leadership and separated from men during worship, there is evidence for female leadership in synagogues during the Roman period. The best review of this evidence, which includes a critique of previous scholarship, is Bernadette Brooten's 1982 monograph *Women Leaders in the Ancient Synagogue: Inscriptional Evidence and Background Issues.*[2] There is some conflicting evidence about whether women were permitted to read Torah aloud during this period, but women could certainly complete a *minyan* (a

---

[1] modern Saïda, Lebanon

[2] Bernadette J. Brooten, *Women Leaders in the Ancient Synagogue: Inscriptional Evidence and Background Issues* (Chico, CA: Scholars Press, 1982). The original text has been reprinted as an open access edition: Bernadette J. Brooten, "Women Leaders in the Ancient Synagogue" (2020), *Brown Judaic Studies Open Humanities Book Program*, Brown Digital Repository, Brown University Library, https://doi.org/10.26300/jpsj-rm51.

quorum for worship) and study Torah alongside men.[3] When Mira tells Rufius that Jewish women are often literate, her words are grounded in historical fact.

The obligations of a rabbi are manifold: leading the congregation in worship; overseeing the community's religious education; counseling community members in religious, moral, and interpersonal matters; interpreting and enumerating lessons from the Torah; and navigating political considerations and relationships on behalf of the community. Many rabbis work in conjunction with their peers and other members of the community to best serve the congregation. Mira's support for her father, David, would not have been out of the ordinary in her time. His shame reflects a personal struggle with his deteriorating health and the potential damage to his reputation.

Finally, a couple notes on language: if Mira and her family had actually lived, they would have spoken Aramaic, Hebrew, and Greek,[4] not Latin. I interweave some of the local language into the story with the Aramaic term for father, *Abba*, and the Hebrew title *rabbi*. While it is possible that some residents of this region, especially those who regularly interacted with Romans, might have known Latin, I also recognize the inherent problems with placing fluent Latin in the mouths of characters who are subject to Rome's violent colonization and who live in a largely Greek-speaking region. In addition, Roman political and military

---

[3] Shmuel Safrai, "The Place of Women in First-Century Synagogues," *Jerusalem Perspective* 40 (1993): 3–6, 14. The original text has been reprinted as an open access edition: Shmuel Safrai, "The Place of Women in First-Century Synagogues: They Were Much More Active in Religious Life Than They Are Today," *Priscilla Papers* 16, no. 1 (2002): 9–12.

[4] Even the term *synagoga* is originally Greek; the Hebrew term is *beit knesset*.

leaders, as educated members of the elite, would have primarily used Greek in their interactions with the local populace. Rufius, however, is a non-elite native of Italy, so his facility with Latin is the most realistic.

P.S. For anyone interested in learning more about Rufius's story, do not worry. His story, and Mira's, do not end here.

Illustrations

Inspiration and reference photos for the illustrations in this novella are drawn from Fayum mummy portraits, ancient frescoes, and my own photography from Pompeii and Herculaneum.

Acknowledgements

Gratias maximas to my family, who have always encouraged my creative endeavors; Don, who has helped me stay focused and supported me when I needed a boost, a push, or a snack; Gina, who not only read an early draft but also provided the positive reinforcement I needed to finish; Brian, who believed in my concept and guided me through this process; and my Classics professors at Oberlin College and the University of Maryland, who helped me develop the skills and confidence to compose in Latin and to imbue the story with historical realism.

Gratias etiam to Robert Amstutz, Daniel Bennett, Ashley Brewer, Chris Buczek, and Brad Savage, who took the time to read and provided thoughtful feedback on the manuscript of someone they have never met. I appreciated every comment and suggestion! Any errors or inconsistencies are mine to own.

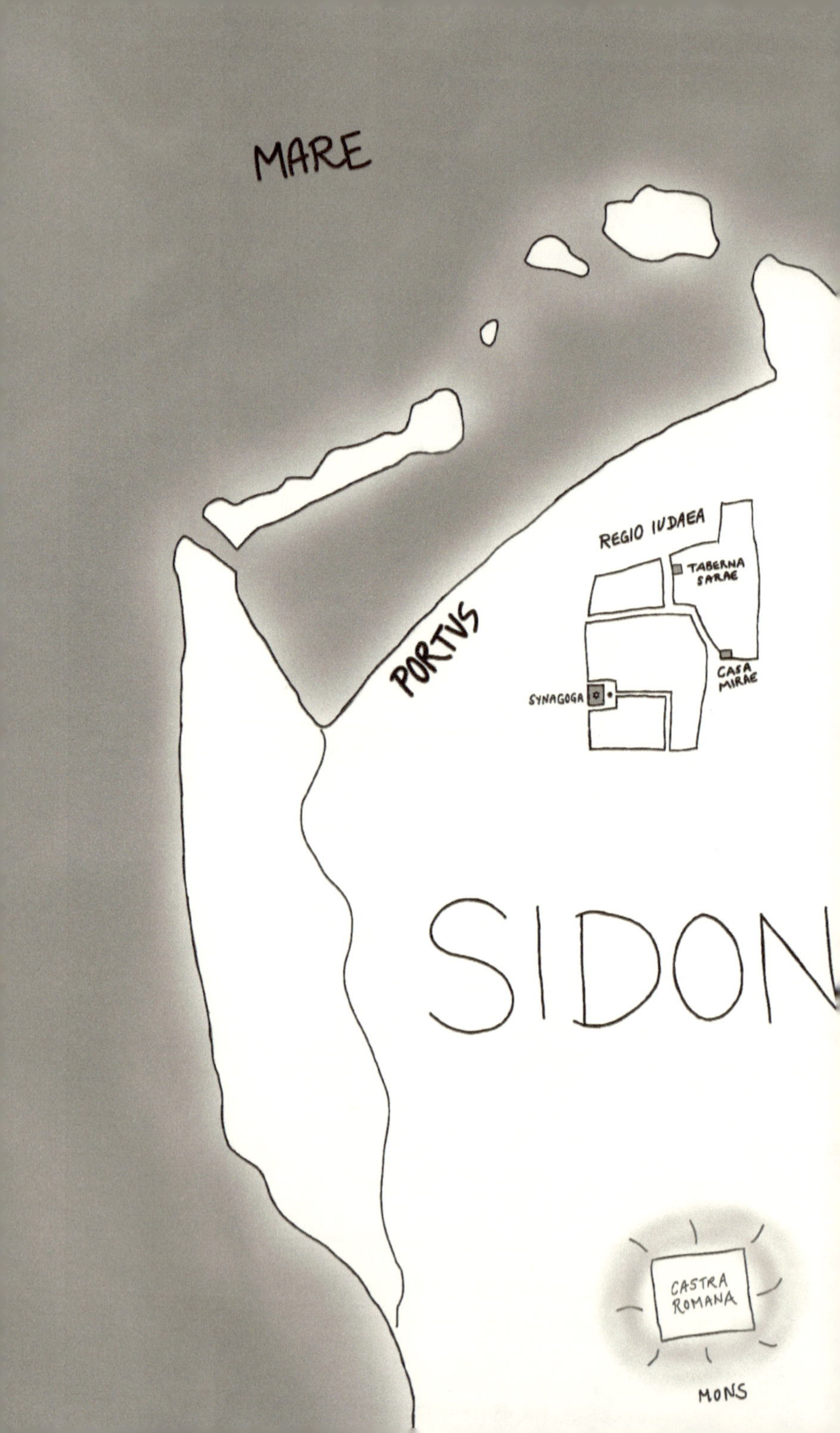

MARE
PORTVS
REGIO IVDAEA
TABERNA SARAE
CASA MIRAE
SYNAGOGA
SIDON
CASTRA ROMANA
MONS

I
QUIS EST MĪRA?

Mīra est puella Rōmāna.

Mīra quoque est puella Iūdaea. Mīra sēdecim[1] annōs habet. Sīdōnī[2] cum familiā habitat.

Sīdōn est urbs antīqua in prōvinciā Syriā. Portum magnum habet.

Multī hominēs dīversī Sīdōnī habitant. Multī Iūdaeī habitant Sīdōnī, quod bellum erat in prōvinciā Iūdaeā, sed Sīdōnī Iūdaeī et Rōmānī in pāce habitant.

---

[1] **sēdecim** 16

[2] **Sīdōnī** in Sidon, at Sidon

Mīra in casā cum patre habitat. Pater Mīrae, nōmine Dāvīd, est dux in commūnitāte Iūdaeā quī vocātur rabbī.

Rabbī est dux commūnitātis et religiōnis quī in synagōgā labōrat. Synagōga est similis templō. Mīra quoque in synagōgā labōrat, quod patrem adiuvat.

Mīra quoque trēs sorōrēs habet. Duae sorōrēs sunt iūniōrēs. Sorōrēs iūniōrēs in casā cum Mīrā et patre habitant.

Ūna soror est senior, nōmine Sāra. Sāra nōn cum familiā sed cum marītō habitat. Marītus Sārae est Ēlīās.

Sāra et Ēlīās tabernam habent. Sāra et Ēlīās suprā[3] tabernam habitant.

---

[3] **suprā** above

In tabernā texta[4] vēndunt.

Sīdōn est urbs clārissima textō.[5] Sunt multae tabernae quae textum vēndunt.

Taberna Sārae est prope portum Sīdōnis et prope casam Mīrae.

---

[4] **texta** fabrics, cloths

[5] **clārissima textō** very well known for (dyed) cloth

II

IN TABERNĀ SĀRAE

Hodiē Mīra Sāram et Ēlīam in tabernā vīsitat.

"Salvē, Sāra!" dīcit Mīra. "Salvē, Ēlīā!"

"Salvē, Mīra!" Ēlīās dīcit. "Quid agis hodiē?"

"Hodiē Abba[1] nōn labōrat," Mīra dīcit, "itaque ego nōn labōrō cum Abbā. Hodiē possum vōbīscum[2] labōrāre!"

"Bene! Tū potes mēcum labōrāre," Sāra dīcit. "Multa texta sunt sordida."

---

[1] **Abba** from the Aramaic term אבא for "father," used in Hebrew as a familiar term, similar to "dad"

[2] **vōbīscum** with you (plural)

Mīra tabernam cum sorōre intrat. Sāra sedet.

"Fessa sum," Sāra dīcit. "Spērō īnfantem mox venīre!"

Sāra est gravida.[3]

Mīra est ānxia, quod māter in puerperiō[4] mortua est. "Quid agis?" Mīra dīcit. "Possum tē adiuvāre?"

"Ita vērō," Sāra respondet, "potes texta sordida lavāre. Pedēs[5] mihi dolent."

Mīra texta lavat, sed tacita est.

Sāra agnōscit Mīram ānxiam esse.

---

[3] **gravida** pregnant
[4] **puerperiō** childbirth
[5] **pedēs** feet

Mox Sāra dīcit, "Quid agitur patrī nostrō?"

"Caecior[6] est," Mīra respondet, "et memoria eius nōn est valēns. Saepissimē eum adiuvō, quod nōn potest legere. Synagōga nescit."

"Abba est superbus," Sāra dīcit. "Synagōga dēbet scīre."

"Ita vērō, Abba est superbus, sed amō adiuvāre," Mīra respondet, "et Abba nōn est parātus."

"Tū es patiēns," Sāra dīcit, "sed mox Abba dēbet tē agnōscere. Nōn potest synagōgam dūcere sine tē. Fortasse tū nōn es īrāta, sed ego sum īrāta prō tē."

"Timeō prō tē," Mīra dīcit. "Nesciō quid faciam sine tē."

---

[6] **caecior** more blind (i.e., increasingly blind)

Nunc Sāra est tacita. Diū sorōrēs inter sē spectant. Tandem Sāra dīcit, "Necesse est texta lavāre."

"Ita," Mīra dīcit, et texta lavat, sed quoque lacrimās cēlat.[7]

---

[7] **cēlat** hides, conceals

III
NOX

Nocte Mīra ad casam revenit.

Sorōrēs iūniōrēs, Rebecca et Hanna, ad Mīram currunt. Rebecca et Hanna sunt geminae.[1] "Mīra! Mīra!" exclāmant. "Ubi erās? Sāram et Ēlīam vīsitābās?"

"Ita," Mīra respondet, "Sāram et Ēlīam vīsitābam. Sāra est valēns!"

"Spērō īnfantem esse puellam," Rebecca dīcit.

"Spērō īnfantem esse puerum," Hanna dīcit.

---

[1] **geminae** twins

"Spērō īnfantem esse valentem," Mīra dīcit, "sed nunc, tempus est cēnandī, tum dormiendī. Ubi est Abba?"

"Dormit," Rebecca respondet. "Abba nōn cēnam vult. Hoc dīxit."

Mīra itaque cēnam parat, sed pater nōn cum familiā cēnat.

Post cēnam, Rebecca et Hanna dormiunt. Pater quoque dormit.

Sed Mīra nōn est fessa. Mīra legit. Necesse est legere ad labōrandum in synagōgā, sed pater nōn iam potest legere.

Cotīdiē Mīra patrī legit, itaque patrem adiuvat.

Mīra quoque sorōrēs docet ut legant, itaque patrem adiuvat.

Nocte Mīra nēminem[2] adiuvat. Nocte Mīra prō sē legit. Nox est prō Mīrā.

---

[2] **nēminem** no one, nobody

IV
ANTE SYNAGŌGAM

Postrīdiē[1] Mīra ad synagōgam venit.

Subitō Mīra sistit.[2] Mīles Rōmānus, pīlum[3] tenēns, est ante synagōgam.

Mīra est ānxia.

Cūr est mīles ante synagōgam? Cūr in manū pīlum tenet?

Sīdōnī, Rōmānī et Iūdaeī nōn inimīcī[4] sunt, sed quoque nōn amīcī sunt.

---

[1] **postrīdiē** on the next day

[2] **sistit** stops

[3] **pīlum** a heavy javelin (carried by Roman infantry)

[4] **inimīcī** enemies, unfriendly

Mīra mīlitem spectat.

Iuvenis est, paulō[5] senior quam Mīra.

Mīra mīlitī appropinquat.

"Avē," Mīra dīcit, "in synagōgā labōrō. Possum intrāre?"

"Nōn potes intrāre," mīles dīcit. Mīles Mīram nōn spectat.

Mīra est etiam ānxia, sed dīcit, "Cūr? Pater est in synagōgā. Pater est dux synagōgae."

"Nōn potes intrāre," mīles iterum dīcit, Mīram nōn spectāns.

Nunc Mīra est ānxia, sed quoque īrāta. "Dēbeō patrem adiuvāre. Admitte mē!"

---

[5] **paulō** a little

Nunc mīles Mīram spectat. "Puella, nōn potes. Mīlitēs sunt in synagōgā."

"Cūr?" Mīra dīcit. "Pater nōn est inimīcus[6] Rōmānīs. Pater est vir bonus."

"Quid est tibi nōmen?" mīles subitō dīcit.

Mīra dubitat, sed respondet, "Mīra, fīlia Dāvīdis."

"Mīra, fīlia Dāvīdis," mīles dīcit. Nunc mīles dubitat, tum dīcit, "Tū es puella mīrābilis. Pater tuus est tūtus. Tū nōn potes intrāre, sed potes manēre et patrem exspectāre."

"Maneō," Mīra dīcit, "grātiās tibi." Mīra iterum dubitat, sed dīcit, "Quid est tibi nōmen?"

---

[6] **inimīcus** an enemy, unfriendly

"Aulus Rūfius," mīles respondet. Mīles iterum dubitat, tum dīcit, "Sed māter mē vocat nōmine Isaac."

Mīra est attonita.

Aulus Rūfius est nōmen Rōmānum. Isaac est nōmen Iūdaeum. Aulus Rūfius, mīles Rōmānus, est Iūdaeus.

Subitō iānua[7] synagōgae aperītur.[8] Trēs mīlitēs discēdunt. Ūnus mīles est lēgātus, dux mīlitum.

Mīra iterum est ānxia.

Tum patrem videt.

Pater est tūtus!

---

[7] **iānua** door

[8] **aperītur** is opened

Mīra synagōgam intrat ut patrem salūtet, sed mīlitem iuvenem spectat.

Aulus Rūfius quoque Mīram spectat, dōnec[9] iānua clauditur.[10]

---

[9] **dōnec** until

[10] **clauditur** is closed

V

IN SYNAGŌGĀ

In synagōgā, Dāvīd, pater Mīrae, Mīram exspectat. "Salvē, Abba," Mīra dīcit. "Cūr mīlitēs erant in synagōgā? Quid voluērunt? Mox revenient?"

"Tū habēs multa roganda, Mīra," Dāvīd respondet. "Nōn est rēs gravis."

"Mīlitēs Rōmānī nōn saepe synagōgam vīsitant," Mīra dīcit. "Cūr nōn est rēs gravis?"

"Sum dux Iūdaeōrum Sīdōnī," Dāvīd respondet, "et dux mīlitum Rōmānōrum mēcum nōnnumquam[1] dīcere vult. Pācem ūnā servāmus."

---

[1] **nōnnumquam** not never (i.e, sometimes)

Mīra dē Rūfiō cōgitat, tum rogat, "Potestne mīles Rōmānus esse amīcus Iūdaeīs?"

Pater dubitat. "Minimē. Rōmānī et Iūdaeī Sīdōnī habitant et in pāce labōrant, sed Iūdaeī numquam Rōmānīs crēdere[2] possunt. Bellum in Iūdaeā erat gravissimum."

Mīra dē Ēliā, marītō Sārae, cōgitat.

"Ita vērō," Mīra respondet, "et Ēliās hoc dēmōnstrat. Rōmānī tōtam familiam occīdērunt."

"Ita vērō," Dāvīd dīcit.

"Sed nōn omnēs Rōmānī hoc fēcērunt," Mīra dīcit. "Multī mīlitēs numquam erant in Iūdaeā."

---

[2] **crēdere** to trust

"Sī mīlitēs Rōmānī tōtam familiam tuam occīdissent, omnēs mīlitēs Rōmānī vidērentur[3] perīculōsī," pater dīcit. "In dolōre saepe vērum abest.[4] Iūdaeī Sīdōnī sunt fortūnātī, quod multī hunc dolōrem nesciunt. Familia nostra est fortūnāta."

Mīra cōgitat, tum dīcit, "Incipiāmus prō Sabbatīs parāre. Rebecca et Hanna mox tē vidēre volunt."

"Incipiāmus," pater respondet. "Mihi lege. Memoria mihi hodiē nōn est valēns."

Itaque Mīra legit.

---

[3] **vidērentur** would seem

[4] **abest** is away (i.e., is absent)

VI
QUIS EST RŪFIUS?

Postmodo[1] pater ad casam revenit, sed Mīra in synagōgā manet ut labōrem fīniat.

Ubi nox appropinquat, Mīra ā synagōgā discēdit. Subitō Mīra sistit.

Iterum mīles ante synagōgam stat, sed nunc mīlitem agnōscit. Est Aulus Rūfius.

"Avē, Mīra fīlia Dāvīdis," Rūfius dīcit. "Quō[2] īs?"

"Ad casam," Mīra respondet. "Necesse est mihi cēnam familiae parāre."

---

[1] **postmodo** after a while

[2] **quō** (to) where . . . ?

"Possum tē comitārī,"[3] Rūfius dīcit, "sī tū cōnsentīs."

Mīra dubitat. Hic mīles est mīrābilis. Nōn eī crēdit, sed cūriōsa est.

Tandem Mīra dīcit, "Cōnsentiō. Habitō in regiōne Iūdaeā, prope synagōgam et prope portum."

"Eāmus," Rūfius dīcit.

Mīra et Rūfius per urbem ambulant. Prīmum Mīra et Rūfius nihil dīcunt, sed mox Rūfius rogat, "Tūne in synagōgā labōrās? Esne sacerdōs?"

"Minimē," Mīra dīcit, rīdēns. "Pater est dux synagōgae, sed quoque nōn est sacerdōs. Est rabbī."

---

[3] **comitārī** to accompany

"Quid est rabbī?" Rūfius rogat. "Hoc verbum nesciō."

"Rabbī commūnitātem Iūdaeam docet et dūcit," Mīra respondet, tum dīcit, "Māter tua est Iūdaea, sed hoc verbum nescīs?"

Rūfius est attonitus, sed respondet, "Nōn. Ubi māter patrī nūpsit,[4] nōn iam Iūdaea erat."

"Nōn est vērum," Mīra dīcit, "quod māter tē vocat Isaac. Et sī māter tua est Iūdaea, tū es Iūdaeus."

"Nōn est vērum," Rūfius respondet. "Sum Rōmānus. Sum mīles Rōmānus."

"Ita vērō," Mīra dīcit, "sed tū es quoque Iūdaeus. Et haec est casa mihi." Mīra in viā prope casam sistit.

---

[4] **nūpsit** married

"Valē, Aule Rūfī, et grātiās tibi agō."

"Valē, Mīra fīlia Dāvīdis," Rūfius dīcit. "Spērō mox vidēre tē."

Mīra nihil respondet, sed nōn dissentit.

VII
PER URBEM

Postrīdiē, ubi Mīra ā synagōgā discēdit, Aulus Rūfius adest.

Mīra est attonita, sed nōn īrāta. "Avē," Mīra dīcit.

"Avē," Rūfius dīcit. "Possum tē comitārī?"

"Cōnsentiō," Mīra respondet.

"Eāmus," Rūfius dīcit.

Itaque Mīra et Rūfius per urbem ambulant.

"Nōn necesse est tibi labōrāre?" Mīra mox rogat. "Nōnne mīlitēs labōrant?"

Rūfius rīdet. "Nōn semper," respondet. "Nocte mūrōs vigilō.[1] Et tū? Quid in synagōgā agis, sī nōn es sacerdōs?"

"Patrem adiuvō," Mīra dīcit. "Pater est caecior,[2] et nōn iam legere potest. Legō patrī."

"Tū potes legere?" Rūfius attonitus rogat.

"Ita vērō, amō legere," Mīra respondet.

"Cūr?" Rūfius rogat. "Tū es puella."

"Multae fēminae Iūdaeae legere possunt," Mīra dīcit. "Fēminae et virī sunt ducēs synagōgārum."

Rūfius est tacitus. "Legere nōn possum,"

---

[1] **vigilō** I watch (over)
[2] **caecior** increasingly blind

tandem dīcit. "Litterās[3] sciō, sed numquam librum[4] lēgī."

"Tūne discere vīs?" Mīra rogat.

"Ita vērō," Rūfius respondet, "sed paucī[5] mīlitēs legunt. Nēmō[6] mē docēre vult."

Nunc Mīra tacita cōgitat.

Mox casam videt. "Haec est casa," Mīra dīcit. "Grātiās tibi agō, Aule Rūfī."

"Valē, Mīra," Rūfius dīcit.

Mīra casam intrat, et Rūfius ad portum discēdit.

---

[3] **litterās** letters (e.g., A, B, C . . .)

[4] **librum** a book

[5] **paucī** few

[6] **nēmō** no one, nobody

VIII
ROGANDA

Diēs proximōs,[1] saepe Rūfius Mīram ā synagōgā comitātur. Sī Mīra est cum patre, Rūfius nōn comitātur. Sī Sabbata sunt, ubi Iūdaeī Deum adōrant,[2] Rūfius nōn comitātur. Sed saepissimē Rūfius et Mīra per viās urbis ūnā ambulant.

Vītās dīversās habent, et multa roganda.

Mīra discit dē Ōstiā, ubi familia Rūfiī habitat. Duōs annōs Rūfius mātrem et patrem nōn vīdit. Rūfius quoque sorōrem iūniōrem habet. Frātrem seniōrem quoque habuit, sed frāter est mortuus.

---

[1] **diēs proximōs** the next days, the following days

[2] **adōrant** worship

Rūfius dē Sīdōne discit, et dē synagōgā, et dē sorōribus Mīrae.

"Timeō prō Sārā," Mīra ōlim dīcit. "Māter nostra in puerperiō mortua est. Sāra nōn modo³ soror est, sed etiam amīca cārissima mihi."

"Sāra nōn est māter tua," Rūfius dīcit. "Cotīdiē multī īnfantēs nāscuntur.⁴ Sāra erit tūta."

"Cotīdiē multae fēminae in puerperiō moriuntur," Mīra respondet. "Multae nōn erant tūtae. Deus sōlus Sāram servāre potest."

"Ōrābō Iūnōnem Lūcīnam⁵ prō Sārā,"

---

³ **modo** only

⁴ **nāscuntur** are born

⁵ In Roman mythology, Juno was the wife of Jupiter. She was often referred to as *Iuno Lucina* ("Juno the Light-Bringer"). Many Romans believed that *Iuno*

Rūfius dīcit.

Mīra respondet, "Iūnō nōn est Deus Iūdaeus,[6] sed grātiās tibi agō."

Diē proximō Rūfius dīcit, "Fortasse tū potes docēre mē legere."

"Fortasse," Mīra dīcit, "sī locum sēcrētum inveniēmus.[7] Sīdōnī Iūdaeī et Rōmānī in pāce habitant, sed Iūdaeī Rōmānīs nōn crēdunt … et tū scīs quis sit pater meus."

"Locum sēcrētum quaeram,"[8] Rūfius respondet, et Mīra subrīdet.

Lucina watched over childbirth.

[6] Mīra refers to "the Jewish God" here because Jewish people believe in only one God rather than many gods. As a Jew, Mīra would not pray to any of the Roman gods.

[7] **inveniēmus** we will find

[8] **quaeram** I will look for, search for

IX
SĀRA

Postrīdiē, ubi Mīra ā synagōgā discēdit, Ēlīās venit. Ānxius est.

"Quid accidit?" Mīra rogat.

"Īnfāns mox venit," Ēlīās respondet, "et Sāra tē requīrit."

"Eāmus," Mīra dīcit. Tum Rūfium videt. Rūfius prope synagōgam Mīram exspectat. "Ēlīā, redī ad tabernam. Veniō mox."

Ēlīās Rūfium spectat, sed nihil dīcit. Ēlīās discēdit.

Mīra ad Rūfium currit.

"Īnfāns venit," Mīra Rūfiō dīcit. "Dēbeō esse cum Sārā."

"Ita vērō," Rūfius respondet, "et dēbeō ad templum Iūnōnis Lūcīnae[1] discēdere. Fortūna tibi favet,[2] Mīra."

"Grātiās, Rūfī," Mīra dīcit, et ad tabernam discēdit.

Ubi Mīra tabernam intrat, Sāram audit. Mīra cubiculum suprā tabernam intrat.

Sāra est in lectō.

Ēliās Mīram rogat, "Quis erat mīles?"

"Nēmō,"[3] Mīra respondet. "Sāra, quid agis?"

---

[1] **Iūnōnis Lūcīnae** of Juno the Light-Bringer (the Roman goddess of childbirth)

[2] **favet** favors, supports

[3] **nēmō** no one

"Doleō," Sāra dīcit. "Ēlīā, obstetrīcem vocā, tum necesse est tibi īre ad casam patris meī."

"Tē amō," Ēlīās Sārae dīcit, et caput bāsiat.[4] "Deus tē servet."

"Tē amō," Sāra Ēlīae dīcit.

Ubi Ēlīās discēdit, Sāra rogat, "Mīles? Ubi?"

"Prope synagōgam," Mīra respondet, "sed nōn est rēs gravis. Īnfāns venit."

"Dēbēs dē mīlite mihi nārrāre," Sāra respondet, "ut ego dē dolōre nōn cōgitem."

Mīra dubitat, sed dīcit, "Nōmen est Aulus Rūfius. Sāra, nōn est rēs gravis! Aquam requīris?"

---

[4] **bāsiat** kisses

"Ita vērō, sed quoque dē mīlite audīre requīrō," Sāra respondet. "Cūr nōn vīs nārrāre?"

"Aquam quaerō," Mīra dīcit.

"Bene," Sāra dīcit, "sed ubi revenīs, mihi nārrā dē mīlite."

Mīra ad fontem contendit. Nārrāre dē Rūfiō nōn vult, quod Ēlīās mīlitēs Rōmānōs ōdit. Postquam mīlitēs Rōmānī Templum Iūdaeum dēlēvērunt, tōtam familiam Ēlīae occīdērunt.

Aulus Rūfius nōn familiam occīdit, sed mīles Rōmānus est. Sed Sāra est amīca cārissima Mīrae, et soror—et fortasse crās Sāra mortua erit . . .

Ubi Mīra ad tabernam revenit, obstetrīx adest.

Nihil plūs dē Rūfiō dīcunt.

Et Sāra nōn est tūta.

43

X
ĪNFĀNS ADEST

Īnfāns adest, puer valēns. Īnfāns fortissimē lacrimat.

Sed Sāra est aegra. Obstetrīx est ānxia. Mīra est ānxia. Sāra est tacita.

"Soror tua est in perīculō," obstetrīx dīcit. "Dum sorōrem adiuvō, dēbēs īnfantem cūrāre … et Deum ōrāre."

Mīra īnfantem cūrat et prō Sārā Deum ōrat. Nescit quid faciat sine sorōre. Diū īnfantem cūrat et Sāram spectat.

Tandem, post multās hōrās, obstetrīx dīcit, "Nihil est facere. Deus sōlus Sāram ē perīculō servāre potest. Vocō Ēlīam."

Nunc Mīra nōn est ānxia. Mīra est perterrita.[1]

Ubi Ēlīās venit, pater Mīrae et Sārae quoque venit.

"Sāra, quid accidit?" Ēlīās dīcit, et lacrimat.

Sed Sāra nōn respondet.

"Īnfāns est valēns," Mīra dīcit, "et puer. Vīsne eum tenēre, Ēlīā?"

Ēlīās nihil dīcit. In lectō tacitus sedet.

Pater stat immōtus.[2]

Mox Mīra ad tabernam dēscendit et cum īnfante sedet.

---

[1] **perterrita** terrified
[2] **immōtus** not moving

Īnfāns nunc dormit.

Mīra lacrimat et dē mātre cōgitat.

XI
MĪRA SŌLA

Diēs proximōs Ēlīās cum Sārā sedet. Ēlīās neque īnfantem tenet neque[1] spectat.

Pater īnfantem tenet et Sāram vīsitat, sed saepe ad synagōgam manet. Mīra īnfantem cūrat sōla.

Diē secundō Mīra ad casam cum īnfante revenit. Rebecca et Hanna sunt laetae, sed Hanna est laetior, quod īnfāns est puer.

"Est minimus!" Hanna exclāmat. "Sed ubi est Sāra?"

Mīra est attonita. "Abba nihil dīxit?"

---

[1] **neque . . . neque** neither . . . nor

"Nōn, Abba nōn multum dīcit," Rebecca respondet.

"Sāra est aegra," Mīra dīcit. "Ēlīās Sāram cūrat."

Nunc Rebecca et Hanna sunt miserābilēs. "Possumus Sāram vīsitāre?" Hanna rogat.

"Minimē," Mīra respondet, "Sāra dēbet quiēscere."

"Sāra moritūra est?"[2] Rebecca rogat.

Mīra dubitat. "Nesciō," respondet.

Rebecca et Hanna lacrimant et Mīram amplectuntur.[3]

---

[2] **moritūra est** is about to die, will die

[3] **amplectuntur** hug

Postrīdiē pater Mīram vīsitat in tabernā Sārae.

Mīra fessa in tabernā sedet, ubi nocte in textīs dormit.

"Mīra," pater dīcit, "tē in synagōgā requīrō. Necesse est nōbīs parāre prō Sabbatīs."

"Minimē, Abba," Mīra respondet. "Dēbeō hīc[4] manēre et īnfantem cūrāre."

"Nōn possum bene parāre sine tē," pater dīcit. "Tē requīrō."

Nunc Mīra est fessa et īrāta. "Hoc agnōscō," Mīra respondet, "sed īnfāns mē maximē requīrit. Īnfāns est moritūrus sine mē. Vīta est gravior quam tua superbia, Abba. Deus hoc agnōscit, et tū hoc agnōscere dēbēs."

---

[4] **hīc** here

Pater nihil dīcit. Mox discēdit.

Mīra est sōla cum īnfante.

Īnfāns nunc nōn est valēns, quod lac nōn habet.

Sed Mīra etiam spērat.

XII
RŪFIUS REVENIT

Diēs tertius[1] post puerperium est diēs Veneris.

Pater in synagōgā manet.

Sāra etiam in lectō dormit. Ēliās etiam cum Sārā sedet.

Sed hodiē, Mīra cum īnfante discēdit ut nūtrīcem quaerat.[2]

Prīmum Mīra casam vīsitat. Cibum[3] Rebeccae et Hannae parat.

---

[1] **tertius** third

[2] **ut nūtrīcem quaerat** in order to look for a wet nurse (i.e., another mother who can nurse the baby)

[3] **cibum** food

Tum Mīra ē casā cum īnfante discēdit—et sistit. Rūfius est in viā. "Mīra," Rūfius dīcit, "quid accidit?"

Mīra dubitat, tum lacrimāre incipit. "Sāra est aegra. Īnfāns moritūrus est sine lacte."

"Ō Mīra," Rūfius respondet, "tē comitābor."

Rūfius iterum Mīram comitātur.

Mīra nūtrīcem per regiōnem Iūdaeam quaerit.[4] Dēnique invenit[5] nūtrīcem, mātrem Iūdaeam, quae potest lac dare. Mīra casam mātris intrat. Rūfius in viā manet dum Mīra cum īnfante sedet.

Ubi Mīra ē casā discēdit, Rūfiō dīcit, "Grātiās tibi agō, Rūfī. Nunc spem habeō."

---

[4] **quaerit** looks for, searches for
[5] **dēnique invenit** finally she finds

"Quid hinc[6] agis?" Rūfius rogat.

"Reveniō cum īnfante dōnec[7] Sāra sē excitat," Mīra respondet. "Dēbeō nunc ad Sāram revenīre."

"Ubi Sāra sē excitat, hīc[8] erō," Rūfius dīcit.

Mīra subrīdet.

"Sciō," Mīra respondet. "Ad proximum, Rūfī mīrābilis."

"Ad proximum, Mīra mīrābilis."

Mīra fessa ad tabernam revenit, sed subrīdēns.

---

[6] **hinc** from here, after this

[7] **dōnec** until

[8] **hīc** here

XIII
NŌMEN ĪNFANTĪ

Diēs quīntus[1] post puerperium est diēs
Sōlis.

Diē quīntō, Mīra in tabernā sē excitat et
nescit ubi sit īnfāns. Prīmum ānxia est. Tum
Sāram audit.

"Sāra?" exclāmat, et ad cubiculum ascendit.

Sāra in lectō sedet, fessa sed subrīdēns.
Sāra īnfantem tenet.

Mīra laeta lacrimāre incipit. Ad Sāram
currit et amplectitur.[2]

---

[1] **quīntus** fifth

[2] **amplectitur** hugs

"Sāra, tē amō," Mīra dīcit.

"Tē amō, Mīra," Sāra dīcit. "Ēlīās mihi nārrāvit omnia quae tū fēcistī."

"Nihil erat," Mīra respondet. "Tū es soror mihi, et amīca cārissima. Sed Abba erat sōlus. Nōn erat laetus."

"Fortasse," Sāra dīcit, "Abba nunc tē agnōscet. Et ego tē semper agnōscam, Mīra."

Mox Ēlīās ad tabernam revenit. Dāvīd cum Ēlīā cubiculum intrat. Pater quoque lacrimat ubi Sāram videt. Diū Dāvīd, Ēlīās, et Mīra cum Sārā et īnfante sedent.

Postmodo[3] Dāvīd dīcit, "Mox erit diēs octāvus post puerperium. Īnfāns nōmen et caerimōniam in synagōgā requīrit."

---

[3] **postmodo** after a while

"Ita vērō," Sāra dīcit, "sed Mīra nōmen legere[4] dēbet. Ego et Ēlīās cōnsentīmus."

Mīra est diū tacita, tum respondet, "Īnfāns est valēns, itaque eī nōmen dēbet esse Ētan."[5]

Subitō Ēlīās lacrimāre incipit, sed laetus est. "Nōmen frātrī meō erat Ētan. In īnfante nostrō, frāter iterum vītam habet."

Sāra Dāvīdem spectat. Dāvīd Sāram spectat, tum Mīram.

"Mīra," Dāvīd dīcit, "tū caerimōniam dūcere dēbēs."

Mīra est attonita. "Cūr? Abba, tū es dux synagōgae."

---

4 **legere** can mean both "read" and "choose." Here it means "choose."

5 The Hebrew name *Ētan* (איתן) means "enduring" or "strong."

"Ita vērō," pater respondet, "sed tū mē dūcis. Tempus est tuī agnōscendī."

Mīra est laetissima, sed prīmum Sāram spectat.

Sāra subrīdet. "Vērum est. Et nunc, tempus est mihi dormiendī."

XIV
MĪRA DUX

Diē octāvō[1] post puerperium, Mīra et pater ūnā in synagōgā stant. Mīra et pater ūnā synagōgam dūcunt.

Ētan nōmen habet, et synagōga hoc celebrat.

Dāvīd Mīram agnōscit, et synagōga quoque hoc celebrat.

Familia est laetissima.

Post caerimōniam Mīra ē synagōgā discēdit.

---

[1] **octāvō** on the eighth

Mīra est sōla.

In viā stat Rūfius.

"Salvē, Rūfī," Mīra dīcit, et Rūfiō appropinquat.

"Salvē, Mīra," Rūfius dīcit et subrīdet. "Quid agis?"

"Sāra est tūta, et īnfāns est valēns," Mīra respondet. "Et hodiē Abba mē in synagōgā agnōvit."

"Quid hinc² agis?" Rūfius rogat.

Mīra cōgitat, tum dīcit, "Spērō ōlim esse dux synagōgae. Sed hodiē, volō tē comitārī. Cōnsentīs?"

---

² **hinc** from here, after this

"Cōnsentiō," Rūfius respondet. "Estō[3] mihi dux, Mīra."

Mīra subrīdet et viam dēmōnstrat.

---

[3] **estō** be!

Index Verbōrum

---

[1] Definitions are given according to a word's meaning in this book. For example, the form **prōvinciā** is defined as "province" because it only appears after a preposition: **in prōvinciā** ("in the province").

ambulant they walk, are
  walking
amīca friend
amīcī friends
amīcus friend
amō I love
amplectitur hug
amplectuntur they hug
annōs years
    duōs annōs for two years
ante in front of
antīqua old, ancient
ānxia anxious, worried
ānxiam anxious, worried
ānxius anxious, worried
aperītur is opened
appropinquat approaches,
  is approaching
    ad mīlitem appropinquat
      approaches the soldier
    Rūfiō appropinquat
      approaches Rufius
    ubi nox appropinquat when
      night approaches
aquam water
aqua water
ascendit ascends, is ascend-
  ing, goes up, is going up
attonita astonished,
  stunned
attonitus astonished,
  stunned

audīre to hear
audit hears, is hearing,
  listens, is listening (to)
Aule o Aule
    Aule Rūfī o Aulus Rufius
Aulus Aulus
avē hello! hail!

B
bāsiat kisses
bellum war
bene well (well said, well
  done, etc.)
    bene parāre to prepare well
bonus good

C
caecior more blind, increasingly blind
caerimōniam ceremony
caput head
cārissima dearest, most dear
casa house
casā house
    ē casā out of the house
casam house
cēlat hides, conceals
celebrat celebrates, is
  celebrating
cēnam dinner

Dāvīdis of David, David's

dē about

  dē Rūfiō cōgitat thinks about Rufius

dēbeō I should, ought to

  dēbeō patrem adiuvāre I should help father, ought to help father

dēbēs you should, ought to

  dēbēs īnfantem cūrāre you should take care of the baby

dēbet should, ought to

  synagōga dēbet scīre the synagogue should know

dēlēvērunt they destroyed

dēmōnstrat shows, is showing, demonstrates, is demonstrating

dēnique finally

  dēnique invenit finally she finds

dēscendit descends, is descending

Deum God

Deus God

dīcere to speak

  dīcere vult wants to speak

dīcit says, is saying

dīcunt they say

diē on the day

  diē octāvō on the eighth day

diē proximō on the next day, on the following day

  diē quīntō on the fifth day

  diē secundō on the second day

diēs days

  diēs octāvus the eighth day

  diēs proximōs the next days, the following days

  diēs quīntus the fifth day

  diēs Sōlis Sunday, the Day of the Sun

  diēs tertius the third day

  diēs Veneris Friday, the Day of Venus

discēdere to go away, leave, depart

discēdit leaves, is leaving, departs, is departing

discēdunt they leave, depart

discere to learn

  tūne discere vīs do you want to learn?

discit learns, is learning

dissentit disagrees, dissents

diū for a long time

dīversās different, diverse

dīversī different, diverse

dīxit said

  hoc dīxit he said this

docēre to teach

  docēre vult wants to teach

docet teaches, is teaching

dolent they hurt, are in pain

doleō I hurt, am in pain

dolōre pain, the pain, sorrow

dolōrem pain, sorrow

> **hunc dolōrem** this pain, this sorrow

dōnec until

dormiendī for sleeping (i.e., to sleep)

> **tempus est mihi dormiendī** it's time for me to sleep

dormit he sleeps, is sleeping

dormiunt they sleep, are sleeping

duae two

dubitat hesitates

dūcere to lead

> **potest synagōgam dūcere** able to lead the synagogue

ducēs leaders

dūcis you lead, are leading

dūcit leads

dūcunt they lead

dum while

duōs two

> **duōs annōs** for two years

dux leader, the leader

> **dux mīlitum Rōmānōrum** the leader of the Roman soldiers

E

ē out of; from

> **ē casā** out of the house
>
> **ē perīculō** from danger

eāmus let's go

ego I

eī for him; him

> **eī nōmen** the name for him
>
> **nōn eī crēdit** she doesn't trust him

eius his, of him

Ēlīā Elias

Ēlīae to Elias; of Elias, Elias's

> **Ēlīae dīcit** says to Elias
>
> **familiam Ēlīae** Elias's family

Ēlīam Elias

Ēlīās Elias

erant they were

erās you were

erat was, there was, it was

erit will be

erō I will be

es you are

esne are you . . . ?

esse to be; is

   agnōscit Mīram ānxiam esse recognizes that Mira is anxious

   spērō . . . esse I hope to be

   spērō īnfantem esse puellam I hope the baby is a girl

est is, there is

   nihil est facere there is nothing to do

estō be!

et and

Ētan Ethan

etiam also

eum him

excitat wakes up

   sē excitat wakes herself up (i.e., wakes up)

exclāmant they call out, exclaim

exclāmat calls out, exclaims

exspectāre to wait for

exspectat waits for, is waiting for

F

facere to do

   nihil est facere there is nothing to do

faciam I would do

   nesciō quid faciam I don't know what I would do

faciat would do

   nescit quid faciat doesn't know what she would do

familia family

familiā family

familiae for the family

   cēnam familiae food for the family

familiam family

favet favors, supports

fēcērunt they did

   hoc fēcērunt they did this

fēcistī you did

fēminae women

fessa tired

fīlia daughter

fīniat finish

   ut labōrem fīniat in order to finish the work

fontem fountain

fortasse maybe, perhaps

fortissimē very strongly

Fortūna Fortune (the goddess of fortune)

   Fortūna tibi favet Fortune favors you

fortūnāta fortunate, lucky

fortūnātī fortunate, lucky

frāter brother

frātrem brother

   frātrem seniōrem an older brother

frātrī for my brother

> **nōmen frātrī meŏ** the name
> for my brother (i.e., my
> brother's name)

G

geminae twins

grātiās thanks

> **grātiās tibi agō** I give thanks
> to you, I thank you

gravida pregnant

gravior more important

gravis important

> **rēs gravis** an important matter

gravissimum very
important

H

habent they have

habeō I have

habēs you have

habet has

habitant they live, dwell

> **Iūdaeī et Rōmānī in pāce**
> **habitant** Jews and Romans
> live in peace

habitat lives, dwells

habitō I live, dwell

habuit had

haec this

> **haec est casa mihi** this is my
> house

Hanna Hanna

Hannae for Hanna

> **cibum Rebeccae et Hannae**
> food for Rebecca and Hanna

hic this

hīc here

hinc from here, after this

hoc this

> **hoc fēcērunt** they did this
> **hoc dīxit** he said this

hodiē today

hominēs people, human
beings

hōrās hours

hunc this

> **hunc dolōrem** this pain, this
> sorrow

I

iam now

> **nōn iam** no longer

iānua door

immōtus not moving

in in; into on

> **in tabernā** in the store
> **in textīs** on the fabrics, cloths

incipiāmus let's begin, let's
start

incipit begins, starts

īnfāns baby

īnfante baby

īnfantem baby

īnfantēs babies

inimīcī unfriendly, enemies

inimīcus unfriendly, an enemy

> **inimīcus Rōmānīs** an enemy to the Romans

inter among, between

> **inter sē spectant** they look between themselves (i.e., they look at each other)

intrāre to enter

intrat enters, is entering

inveniēmus we will find

invenit finds

> **dēnique invenit** finally she finds

īrāta angry

īre to go

> **īre ad casam** to go to the house

īs you are going

> **quō īs** where are you going?

Isaac Isaac

ita so; yes

> **ita vērō** yes

itaque and so, therefore

iterum again

Iūdaea Jewish

Iūdaeā Judea

Iūdaeae Jewish

Iūdaeam Jewish

Iūdaeī Jews, the Jews

> **Iūdaeī et Rōmānī in pāce habitant** Jews and Romans live in peace

Iūdaeīs to the Jews

Iūdaeōrum of the Jews

Iūdaeum Jewish

Iūdaeus Jewish

iūniōrem younger

iūniōrēs younger

Iūnō Juno

Iūnōnem Juno

> **Iūnōnem Lūcīnam** Juno the Light-Bringer

Iūnōnis of Juno, Juno's

> **Iūnōnis Lūcīnae** of Juno the Light-Bringer

iuvenem young

iuvenis young

L

labōrandum working

> **ad labōrandum** for working, in order to work

labōrant they work

> **nōnne mīlitēs labōrant** don't soldiers work?

labōrāre to work

> **possum vōbīscum labōrāre** I am able to work with you (pl), can work with you (pl)

potes mēcum labōrāre you are able to work with me, can work with me

labōrās you work

labōrat works, is working

labōrem work, the work

ut labōrem fīniat in order to finish the work

labōrō I work, am working

lac milk

quae potest lac dare who can give milk

lacrimant they cry, are crying

lacrimāre to cry

lacrimās tears

lacrimat cries, is crying

lacte milk

laeta happy

laetae happy

laetior happier

laetissima very happy

laetus happy

lavāre to wash

necesse est texta lavāre it's necessary to wash the fabrics, cloths

lavat washes, is washing

lectō bed

legant they may read

ut legant so that they may read

lēgātus legate (a high-ranking military officer)

lege read!

mihi lege read to me!

legere to read, choose

legere possunt they are able to read, can read

lēgī I read, have read

legit reads, is reading

legō I read

legunt they read

librum a book

litterās letters (e.g., A, B, C)

locum place, location

Lūcīnae of the Light-Bringer

Iūnōnis Lūcīnae of Juno the Light-Bringer

Lūcīnam the Light-Bringer

Iūnōnem Lūcīnam Juno the Light-Bringer

M

magnum large

maneō I remain, am remaining

manēre to remain, stay

manet remains, stays

manū hand

marītō husband

marītus husband

māter mother

mātre mother
mātrem mother
mātris of the mother
maximē most especially,
 most particularly
  mē maximē requīrit he most
   especially needs me
mē me
mēcum with me
meī of me, my
memoria memory
meō to my, for my
  nōmen frātrī meō the name
   for my brother (i.e., my
   brother's name)
meus my
mihi to me; for me; my
  haec est casa mihi this is my
   house
  mihi lege read to me!
  necesse est mihi it's necessary
   for me, I need to
  tempus est mihi dormiendī
   it's time for me to sleep
mīles soldier
mīlite soldier
mīlitem soldier
mīlitēs soldiers
mīlitī the soldier
  mīlitī appropinquat
   approaches the soldier

mīlitum of the soldiers
  dux mīlitum Rōmānōrum
   the leader of the Roman
   soldiers
minimē no
minimus very small, tiny
Mīra Mira
Mīrā Mira
mīrābilis extraordinary,
 amazing
Mīrae of Mira, Mira's
Mīram Mira
miserābilēs miserable
modo only
  nōn modo not only
moritūra est is about to die,
 will die
moritūrus est will die
moriuntur they die
mortua dead
mortua est died
mortuus dead
mox soon
multa many
  multa roganda many
   questions
multae many
multās many
multī many
multum much
  nōn multum not much
mūrōs walls

N

nārrā tell! narrate!

nārrāre to tell, narrate

>**mihi nārrāre** to tell me, narrate to me

nārrāvit told, narrated

>**mihi nārrāvit** told me, narrated to me

nāscuntur they are born

necesse necessary

>**necesse est mihi** it's necessary for me, I need to

>**necesse est nōbīs** it's necessary for us, we need to

>**necesse est texta lavāre** it's necessary to wash the fabrics, cloths

>**nōn necesse est tibi** it's not necessary for you, you don't need to

nēminem no one, nobody

nēmō no one, nobody

neque and not

>**neque … neque** neither … nor

nesciō I don't know

>**nesciō quid faciam** I don't know what I would do

nescīs you don't know

nescit doesn't know

>**nescit quid faciat** doesn't know what she would do

>**nescit ubi sit īnfāns** doesn't know where the baby is

nesciunt they don't know

nihil nothing

>**nihil est facere** there is nothing to do

nōbīs for us

>**necesse est nōbīs** it's necessary for us, we need to

nocte at night

nōmen name

>**nōmen frātrī meō** the name for my brother (i.e., my brother's name)

>**tibi nōmen** the name for you (i.e., your name)

nōmine by the name, by name, named

nōn not

>**nōn iam** no longer

>**nōn modo** not only

nōnne not … ? (expects an affirmative answer)

>**nōnne mīlitēs labōrant** don't soldiers work?

nōnnumquam not never (i.e., sometimes)

nostra our

nostrō for our

>**quid agitur patrī nostrō?** how is it going for our father?

nox night

 ubi nox appropinquat when night approaches

numquam never

 numquam Rōmānīs crēdere possunt they can never trust Romans

nunc now

nūpsit married

nūtrīcem a wet nurse (i.e., another mother who can nurse a baby)

 ut nūtrīcem quaerat in order to look for a wet nurse

O

ō o

obstetrīcem midwife

obstetrīx midwife

occīdērunt they killed

occīdissent they had killed

 sī mīlitēs Rōmānī ... occīdissent if Roman soldiers had killed

occīdit killed

octāvō on the eighth

 diē octāvō on the eighth day

octāvus eighth

ōdit hates

ōlim one day

omnēs all

omnia everything

ōrābō I will pray to

 ōrābō Iūnōnem Lūcīnam I will pray to Juno the Light-Bringer

ōrāre to pray to

 Deum ōrāre to pray to God

ōrat prays to, is praying to

 Deum ōrat is praying to God

Ōstiā Ostia

P

pāce peace

 Iūdaeī et Rōmānī in pāce habitant Jews and Romans live in peace

pācem peace

parāre to prepare

 bene parāre to prepare well

 prō Sabbatīs parāre to prepare for the Sabbath

parat prepares, is preparing

parātus prepared

pater father

patiēns patient

patre father

patrem father

patrī to father; for father; father

 patrī legit reads to her father

 quid agitur patrī nostrō? how is it going for our father?

ubi māter patrī nūpsit when mother married father

patris of father, father's

paucī few

paulō a little

   paulō senior quam a little older than

pedēs feet

per through

   per regiōnem Iūdaeam through the Jewish district

perīculō danger

   ē perīculō from danger

perīculōsī dangerous

   vidērentur perīculōsī they would seem dangerous

perterrita terrified

pīlum a heavy javelin (often carried by Roman infantry)

plūs more

portum port, harbor

possum I am able, can

   possum tē adiuvāre I am able to help you, can help you

   possum vōbīscum labōrāre I am able to work with you (pl), can work with you (pl)

possumus we are able, can

   possumus Sāram vīsitāre? can we visit Sara?

possunt they are able, can

   legere possunt they are able to read, can read

   numquam Rōmānīs crēdere possunt they can never trust Romans

post after

postquam after

postmodo after a while

postrīdiē on the next day

potes you can, are able

   potes mēcum labōrāre you are able to work with me, can work with me

potest can, is able

   potest synagōgam dūcere able to lead the synagogue

   quae potest lac dare who can give milk

potestne is he able . . . ? can he . . . ?

prīmum first, at first

prō for, on behalf of

   prō sē legit reads for herself

   timeō prō tē I fear for you, am afraid for you

prope near

prōvinciā province

proximō on the next, following

   diē proximō on the next day, on the following day

proximōs next, following

> **diēs proximōs** the next days,
> the following days

proximum next

> **ad proximum** to the next (i.e.,
> until next time)

puella girl

puellam girl

puer boy

puerperiō childbirth

> **in puerperiō** in childbirth

puerperium childbirth

> **post puerperium** after the
> birth

puerum boy

Q

quae who

> **quae potest lac dare** who can
> give milk

quaeram I will look for,
search for

quaerat look for, search for

> **ut nūtrīcem quaerat** in order
> to look for a wet nurse

quaerit looks for, is looking
for, searches for, is searching
for

quaerō I am looking for,
searching for

quam than

> **paulō senior quam** a little
> older than

> **senior quam** older than

quī who

quid what; how

> **nesciō quid faciam** I don't
> know what I would do

> **quid accidit?** what happened?

> **quid agis?** how are you doing?

> **quid agitur patrī nostrō?** how
> is it going for our father?

> **quid in synagōgā agis?**
> what are you doing in the
> synagogue?

quiēscere to rest

quīntō on the fifth

> **diē quīntō** on the fifth day

quīntus fifth

> **diēs quīntus** the fifth day

quis who

quō (to) where?

> **quō īs** where are you going?

quod because

quoque also

R

rabbī rabbi

Rebecca Rebecca

Rebeccae for Rebecca

> **cibum Rebeccae et Hannae**
> food for Rebecca and Hanna

redī return! go back!

regiōne district, quarter

  in regiōne Iūdaeā in the Jewish district

regiōnem district, quarter

  per regiōnem Iūdaeam through the Jewish district

religiōnis of religion

requīris you require, need

  aquam requīris? do you need water?

requīrit requires, needs

  mē maximē requīrit he most especially needs me

  Sāra tē requīrit Sara needs you

requīrō I require, need

  tē requīrō I need you

rēs matter, thing

  rēs gravis an important matter

respondet responds

revenient they will return

reveniō I return, come back

revenīre to return, come back

revenīs you return, come back

revenit returns, comes back

rīdēns laughing, while laughing

rīdet laughs, is laughing

roganda questions

  multa roganda many questions

rogat asks

Rōmāna Roman

Rōmānī Romans, the Romans; Roman

  Iūdaeī et Rōmānī in pāce habitant Jews and Romans live in peace

  mīlitēs Rōmānī Roman soldiers

Rōmānīs to the Romans; Romans

  inimīcus Rōmānīs an enemy to the Romans

  numquam Rōmānīs crēdere possunt they can never trust Romans

Rōmānōrum of the Roman

  dux mīlitum Rōmānōrum the leader of the Roman soldiers

Rōmānōs Roman

Rōmānum Roman

Rōmānus Roman

Rūfī o Rufius

  Aule Rūfī o Aulus Rufius

Rūfiī of Rufius, Rufius's

Rūfiō to Rufius; Rufius

  Rūfiō appropinquat approaches Rufius

Rūfiō dīcit says to Rufius
Rūfium Rufius
Rūfius Rufius

S
Sabbata Sabbath
    sī Sabbata sunt if it is the
        Sabbath
Sabbatīs Sabbath
    prō Sabbatīs parāre to
        prepare for the Sabbath
sacerdōs priest
saepe often
saepissimē most often, very
  often
salūtet greet
    ut patrem salūtet in order to
        greet her father
salvē hello! hi!
Sāra Sara
Sārā Sara
Sārae of Sara, Sara's; to Sara
    marītus Sārae Sara's husband
    Sārae dīcit says to Sara
Sāram Sara
sciō I know
scīre to know
    synagōga dēbet scīre the
        synagogue should know
scīs you know
    scīs quis sit pater meus you
        know who my father is

sē herself; themselves
    inter sē spectant they look
        between themselves (i.e., they
        look at each other)
    prō sē legit reads for herself
    sē excitat wakes herself up
        (i.e., wakes up)
sēcrētum secret
secundō on the second
    diē secundō on the second
        day
sed but
sēdecim 16
sedent they sit, are sitting
sedet sits, is sitting
semper always
senior older
    paulō senior quam a little
        older than
    senior quam older than
seniōrem older
    frātrem seniōrem an older
        brother
servāmus we protect
    pācem ūnā servāmus we
        protect the peace together
servāre to protect
servet may he protect
    Deus tē servet may God
        protect you

sī if

> **sī . . . inveniēmus** if we will find (i.e., if we find)

> **sī mīlitēs Rōmānī . . . occīdissent** if Roman soldiers had killed

> **sī Sabbata sunt** if it is the Sabbath

> **sī tū cōnsentīs** if you agree

Sīdōn Sidon

Sīdōne Sidon

Sīdōnī in Sidon; at Sidon

Sīdōnis of Sidon, Sidon's

similis similar, like

> **similis templō** similar to a temple

sine without

sistit stops

sit is

> **nescit ubi sit īnfāns** doesn't know where the baby is

> **scīs quis sit pater meus** you know who my father is

sōla alone

Sōlis of the sun

> **diēs Sōlis** Sunday, the Day of the Sun

sōlus alone, only

sordida dirty

soror sister

sorōre sister

sorōrem sister

sorōrēs sisters

sorōribus sisters

spectāns watching, while watching

spectant they look at, watch

> **inter sē spectant** they look between themselves (i.e., they look at each other)

spectat looks at, is looking at, watches, is watching

spem hope

spērat hopes, is hoping

spērō I hope

> **spērō . . . esse** I hope to be

> **spērō īnfantem esse puellam** I hope the baby is a girl

> **spērō īnfantem mox venīre** I hope the baby comes soon

stant they stand, are standing

stat stands, is standing

subitō suddenly

subrīdēns smiling, while smiling

subrīdet smiles, is smiling

sum I am

sunt they are, there are

> **sī Sabbata sunt** if it is the Sabbath

superbia pride

superbus proud

suprā above
synagōga synagogue
synagōgā synagogue
synagōgae of the synagogue, the synagogue's
synagōgam synagogue
synagōgārum of
  synagogues
Syriā Syria

T
taberna store, shop
tabernā store, shop
tabernae stores, shops
tabernam store, shop
tacita quiet, in silence
tacitus quiet, in silence
tandem finally, at last
tē you
templō to a temple
  similis templō similar to a
    temple
Templum the Jewish
  Temple (in Jerusalem)
templum temple
tempus time
  tempus est cēnandī it's time
    for eating dinner (i.e., it's time
    to eat dinner)
  tempus est mihi dormiendī
    it's time for me to sleep

tempus est tuī agnōscendī it's
    time for recognizing you (i.e.,
    it's time to recognize you)
tenēns holding
tenēre to hold
  vīsne eum tenēre do you want
    to hold him?
tenet holds, is holding
tertius third
  diēs tertius the third day
texta fabrics, cloths
  necesse est texta lavāre it's
    necessary to wash the fabrics,
    cloths
textīs fabrics, cloths
  in textīs on the fabrics, cloths
textō for fabric, cloth
  clārissima textō very well
    known for (dyed) fabric, cloth
textum fabric, cloth
tibi to you; for you; your;
you
  Fortūna tibi favet Fortune
    favors you
  grātiās tibi agō I give thanks
    to you, I thank you
  nōn necesse est tibi it's not
    necessary for you, you don't
    need to
  tibi nōmen the name for you
    (i.e., your name)

timeō I fear, am afraid of

> **timeō prō tē** I fear for you, am afraid for you

tōtam whole, entire

trēs three

tū you

tua your

tuam your

tuī you

> **tempus est tuī agnōscendī** it's time for recognizing you (i.e., it's time to recognize you)

tum then

tūne you . . . ?

> **tūne discere vīs** do you want to learn?

tūta safe, out of danger

tūtae safe, out of danger

tūtus safe, out of danger

tuus your

U

ubi where; when

> **nescit ubi sit īnfāns** doesn't know where the baby is
>
> **ubi māter patrī nūpsit** when mother married father
>
> **ubi nox appropinquat** when night approaches

ūna one

ūnā together

> **pācem ūnā servāmus** we protect the peace together

ūnus one

urbem city

urbis of the city, the city's

urbs city

ut so that, in order to

> **ut labōrem fīniat** in order to finish the work
>
> **ut legant** so that they may read
>
> **ut nūtrīcem quaerat** in order to look for a wet nurse
>
> **ut patrem salūtet** in order to greet her father

V

valē goodbye!

valēns strong, healthy

valentem strong, healthy

vēndunt they sell

Veneris of Venus

> **diēs Veneris** Friday, the Day of Venus

veniō I am coming

venīre to come

> **spērō īnfantem mox venīre** I hope the baby comes soon

venit comes, is coming

verbum word

vērō truly

    ita vērō yes

vērum true; truth

viā road, street

viam road, street

viās roads, streets

vidēre to see

vidērentur they would seem

    vidērentur perīculōsī they
      would seem dangerous

videt sees

vīdit saw

vigilō I watch (over)

vir man

virī men

vīs you want

vīsitābam I was visiting

vīsitābās you were visiting

vīsitant they visit, are
  visiting

vīsitāre to visit

    possumus Sāram vīsitāre? can
      we visit Sara?

vīsitat visits, is visiting

vīsne do you want?

    vīsne eum tenēre do you want
      to hold him?

vīta life

vītam life

vītās lives

vōbīscum with you (plural)

vocā call!

vocat calls

vocātur is called

vocō I call, am calling

volō I want

    volō tē comitārī I want to
      accompany you

voluērunt they wanted

volunt they want, are
  wanting

    tē vidēre volunt the want to
      see you

vult wants

    dīcere vult wants to speak

    docēre vult wants to teach

    nārrāre ... nōn vult doesn't
      want to tell

About Storybase Books

Storybase Books publishes books that help beginners learn Latin and Greek by reading.

Our novellas use limited vocabulary to tell engaging stories that are accessible to novice- and intermediate-level readers. Meanings for many words are provided in footnotes and a full index of all words, word forms, and phrases is included in each novella. Readers can thus read each novella on their own, with others, or with a class.

For all of our novellas, tiered readers, and other books, please visit:

www.storybasebooks.com

Novellas for Latin I

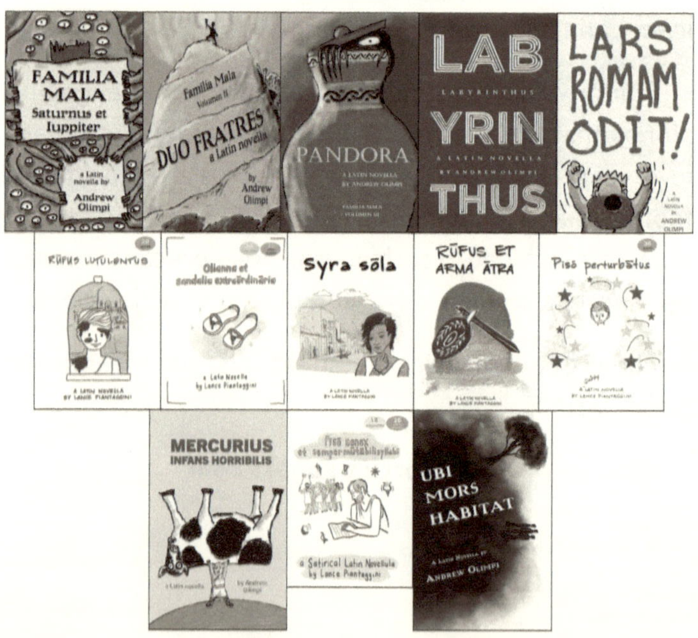

LATIN II

LATIN III AND IV

AND NOW

GREEK!

About the Author

Talia Chicherio is a graduate of the Classics Departments at Oberlin College (BA '13) and the University of Maryland, College Park (MA '16). She has been in her dream job—teaching Latin to teenagers—for nearly 10 years. Alongside teaching, Talia loves making music, reading, writing, playing sci-fi/fantasy RPGs, cooking, and spending time with friends, family, and her two cats, Ares and Athena, who make every effort to live up to their names.

www.ingramcontent.com/pod-product-compliance
Lightning Source LLC
Chambersburg PA
CBHW022109050726

47591CB00002B/733